Life Along The Linden Trees: Short Stories for Norwegian Language Learners

Artici Bilingual Books

Published by Artici Bilingual Books, 2024.

LIFE ALONG THE LINDEN TREES: SHORT STORIES FOR NORWEGIAN LANGUAGE LEARNERS

First edition. February 28, 2024.

Copyright © 2024 Artici Bilingual Books.

ISBN: 979-8224417674

Written by Artici Bilingual Books.

Table of Contents

Mysteriet på Mølleveien

Det var en rolig og solfylt dag i den lille byen ved fjorden. Menneskene gikk omkring i sine daglige gjøremål, og alt syntes å være som vanlig på Mølleveien. Men bak fasaden av rutinemessige liv skjulte det seg et mysterium som lå og ventet på å bli avslørt.

På nummer 13 Mølleveien bodde fru Olsen, en eldre enke som hadde bodd der i årevis. Hun var en stille og reservert kvinne, og naboene visste lite om henne. Men den siste tiden hadde det vært rykter i gatene. Noen hevdet å ha sett merkelige skikkelser komme og gå fra fru Olsens hus om natten. Andre sa at de hadde hørt mystiske lyder komme fra hennes hage. Det var i denne atmosfæren av nysgjerrighet og spenning at vår hovedperson, Ingrid, flyttet inn i Mølleveien. Hun var en ung kvinne som hadde bestemt seg for å starte på nytt i denne lille byen etter å ha gått gjennom noen turbulente tider i livet sitt. Med en nysgjerrig natur og en skarp observasjonsevne kunne hun ikke motstå fristelsen til å utforske det påståtte mysteriet på Mølleveien.

Ingrid begynte å snakke med naboene, og hun la merke til at de fleste virket unnvikende når det gjaldt fru Olsen. Noen av dem avfeide ryktene som tull, mens andre virket å være redde eller hemmelighetsfulle. Ingrid bestemte seg for å grave dypere.

Hun begynte å observere fru Olsens hus om natten, og etter flere netter med å holde utkikk, så hun det - en skygge som beveget seg lydløst gjennom hagen og inn i huset. Ingrid bestemte seg for å følge etter.

Hun snek seg forsiktig gjennom hagen, passerte blomsterbed og busker, og kom til fru Olsens vindu. Der inne så hun noe som fikk hjertet til å hoppe over et slag - fru Olsen satt ved et bord, omgitt av gamle bøker og rare gjenstander. Hun mumlet noe for seg selv mens hun studerte en gammel pergamentrull.

Ingrid lurte på hva fru Olsen holdt på med. Var det mulig at hun var involvert i noe ulovlig eller farlig? Eller var det bare en uskyldig hobby som hadde blitt blåst ut av proporsjoner av naboenes fantasi?

Ingrid bestemte seg for å konfrontere fru Olsen og få svar på sine spørsmål. Neste dag banket hun på døren til nummer 13 Mølleveien og ble overrasket da fru Olsen åpnet døren smilende.

"God dag, fru Olsen," sa Ingrid, prøvde å skjule sin egen nervøsitet. "Jeg lurte på om jeg kunne snakke med deg for et øyeblikk?"

"Selvfølgelig, kjære," svarte fru Olsen vennlig. "Kom inn, kom inn."

Ingrid ble invitert inn i stuen, hvor det duftet av nybakte kaker og te sto på bordet. De satte seg ned, og Ingrid begynte forsiktig:

"Jeg har lagt merke til noen rare ting som skjer her på Mølleveien, og jeg kan ikke hjelpe, men bli nysgjerrig. Noen av naboene snakker om mystiske aktiviteter som foregår i ditt hjem om natten. Kan du fortelle meg hva som egentlig skjer?"

Fru Olsen smilte og så på Ingrid med milde øyne. "Kjære Ingrid, jeg forstår din nysgjerrighet. Men det er ingen mystikk her, bare min lidenskap for historie og gamle skrifter. Jeg er en amatørhistoriker, og jeg bruker mine netter på å studere gamle dokumenter og artefakter. Jeg beklager hvis jeg har forårsaket uro blant naboene mine."

Ingrid følte seg litt flau over å ha hoppet til konklusjoner, men hun var lettet over fru Olsens forklaring. De tilbrakte resten av ettermiddagen med å snakke om historie, og Ingrid lærte mye fra den erfarne kvinnen.

Etter den dagen var Mølleveien ikke lenger fylt med rykter og spekulasjoner. I stedet var det preget av forståelse og vennskap, og Ingrid hadde funnet et nytt hjem og en uventet mentor i fru Olsen.

Mysteriet på Mølleveien viste seg å være langt mindre skremmende enn det virket, men det var likevel en verdifull erfaring for Ingrid. Hun lærte at ting ikke alltid er som de ser ut til å være ved første øyekast, og at det er viktig å holde et åpent sinn og ikke la seg styre av frykt eller rykter. Og i hjertet av den lille byen ved fjorden fant hun ikke bare svar, men også et nytt fellesskap og en dypere forståelse for seg selv og andre.

The Mystery on Mill Street

It was a quiet and sunny day in the small town by the fjord. People went about their daily business, and everything seemed to be as usual on Mill Street. But behind the facade of routine life, there lay a mystery waiting to be revealed.

At number 13 Mill Street lived Mrs. Olsen, an elderly widow who had been there for years. She was a quiet and reserved woman, and the neighbors knew little about her. But recently, there had been rumors in the streets. Some claimed to have seen strange figures coming and going from Mrs. Olsen's house at night. Others said they had heard mysterious sounds coming from her garden.

It was in this atmosphere of curiosity and excitement that our protagonist, Ingrid, moved to Mill Street. She was a young woman who had decided to start anew in this small town after going through some turbulent times in her life. With a curious nature and keen powers of observation, she couldn't resist the temptation to explore the alleged mystery on Mill Street.

Ingrid began talking to the neighbors, and she noticed that most of them seemed evasive when it came to Mrs. Olsen. Some of them dismissed the rumors as nonsense, while others seemed to be afraid or secretive. Ingrid decided to dig deeper.

She started observing Mrs. Olsen's house at night, and after several nights of keeping watch, she saw it - a shadow moving silently through the garden and into the house. Ingrid decided to follow.

She sneaked quietly through the garden, past flower beds and bushes, and arrived at Mrs. Olsen's window. There, she saw something that made her heart skip a beat - Mrs. Olsen sitting at a table, surrounded by old books and strange objects. She muttered something to herself as she studied an old parchment scroll.

Ingrid wondered what Mrs. Olsen was up to. Was it possible that she was involved in something illegal or dangerous? Or was it just an innocent hobby that had been blown out of proportion by the neighbors' imagination?

Ingrid decided to confront Mrs. Olsen and get answers to her questions. The next day, she knocked on the door of number 13 Mill Street and was surprised when Mrs. Olsen opened the door smiling.

"Good day, Mrs. Olsen," said Ingrid, trying to hide her own nervousness. "I was wondering if I could speak with you for a moment?"

"Of course, dear," replied Mrs. Olsen kindly. "Come in, come in."

Ingrid was invited into the living room, where the smell of freshly baked cakes filled the air and tea was set on the table. They sat down, and Ingrid began cautiously:

"I've noticed some strange things happening here on Mill Street, and I can't help but be curious. Some of the neighbors talk about mysterious activities taking place in your home at night. Can you tell me what's really going on?"

Mrs. Olsen smiled and looked at Ingrid with gentle eyes. "Dear Ingrid, I understand your curiosity. But there is no mystery here, just my passion for history and old writings. I am an amateur historian, and I spend my nights studying old documents and artifacts. I'm sorry if I have caused unrest among my neighbors."

Ingrid felt a little embarrassed for jumping to conclusions, but she was relieved by Mrs. Olsen's explanation. They spent the rest of the afternoon talking about history, and Ingrid learned a lot from the experienced woman.

After that day, Mill Street was no longer filled with rumors and speculation. Instead, it was marked by understanding and friendship, and Ingrid had found a new home and an unexpected mentor in Mrs. Olsen. The mystery on Mill Street turned out to be far less frightening than it seemed, but it was still a valuable experience for Ingrid. She learned that things are not always as they seem at first glance, and that it is important to keep an open mind and not be swayed by fear or rumors. And in the heart of the small town by the fjord, she found not only answers, but also a new community and a deeper understanding of herself and others.

5

Eventyret i Epletreet

Det var en gang en liten landsby ved foten av fjellene, omgitt av frodige skoger og bølgende åkrer. I denne landsbyen bodde det en ung jente ved navn Astrid. Astrid var en drømmende og eventyrlysten sjel, alltid på utkikk etter nye eventyr og opplevelser.

En varm sommerdag, mens solen skinte høyt på himmelen og fuglene sang i trærne, bestemte Astrid seg for å utforske skogen som lå like ved landsbyen. Hun hadde hørt historier om et gammelt epletre som sto gjemt dypt inne i skogen, et tre som angivelig hadde magiske krefter og var hjemmet til skogens voktere.

Med et bankende hjerte og et glimt i øyet bega Astrid seg ut på sitt eventyr. Hun vandret langs stiene, lyttet til suset fra trærne og lukten av friske blomster som fylte luften. Etter en stund kom hun fram til den dypeste delen av skogen, der trærne virket tettere og skyggene mørkere.

Der, midt blant de tettvokste trærne, så hun det - det gamle epletreet sto majestetisk, med grener som strakte seg mot himmelen og frukter som glitret som gull i solskinnet. Astrid kunne føle den magiske energien som utstrålte fra treet, og hun visste at dette var begynnelsen på hennes eventyr.

Med forsiktige skritt nærmet hun seg treet og lente seg mot stammen. Plutselig, med et mykt sus, åpnet tret seg for henne som om det ønsket henne velkommen inn i sin verden. Astrid nølte ikke og gikk inn i det indre av treet.

Inne i epletreet ble hun møtt av en fortryllende syn. Et lyst lys fylte rommet, og overalt hun så var det små vesener som danset og lo blant grenene. Det var alver, med sine vinger av gjennomsiktig silke og deres skinnende øyne som glitret med glede.

Astrid var målløs av forundring. Hun hadde aldri sett noe lignende i hele sitt liv. Hun følte seg som om hun hadde trådt inn i en helt annen verden, en verden av magi og eventyr.

Alvene rundt henne ønsket henne velkommen og ledet henne gjennom labyrinten av grener og blader. De viste henne de skjulte skattene som lå gjemt inne i epletreet - krukker fylt med gullmynter, smykker glitrende som stjerner og bøker med visdom som strakte seg tilbake til tidens morgen.

Men midt blant skattene fant Astrid noe enda mer verdifullt - en bok bundet i skinn og innskriften av gammel skrift. Det var historien om epletreet, om dets opprinnelse og den magiske kraften som lå i dets røtter.

Etter å ha tilbrakt timer inne i epletreet, omgitt av alvenes latter og sang, følte Astrid at det var på tide å vende tilbake til landsbyen. Med et tungt hjerte sa hun farvel til alvene og trådte ut av treet.

Men hun visste at dette var bare begynnelsen på hennes eventyr. Hun hadde oppdaget en verden av magi og skjønnhet som lå rett utenfor hennes egen dør, og hun var fast bestemt på å utforske alt det hadde å tilby.

Og så, med et smil på leppene og et løfte om å aldri glemme sitt eventyr i epletreet, begynte Astrid sin reise tilbake til landsbyen. Men i sitt hjerte visste hun at hun alltid ville vende tilbake til skogen, til det magiske epletreet, og til de fantastiske vesenene som bodde der. For hennes eventyr hadde nettopp begynt.

The Adventure in the Apple Tree

Once upon a time, there was a small village at the foot of the mountains, surrounded by lush forests and rolling fields. In this village lived a young girl named Astrid. Astrid was a dreamy and adventurous soul, always on the lookout for new adventures and experiences.

One warm summer day, while the sun shone high in the sky and the birds sang in the trees, Astrid decided to explore the forest near the village. She had heard stories about an old apple tree hidden deep in the woods, a tree that supposedly possessed magical powers and was home to the guardians of the forest.

With a pounding heart and a gleam in her eye, Astrid set out on her adventure. She wandered along the paths, listening to the rustle of the trees and the scent of fresh flowers filling the air. After a while, she reached the deepest part of the forest, where the trees seemed denser and the shadows darker.

There, amidst the dense trees, she saw it - the old apple tree stood majestic, with branches reaching towards the sky and fruits glittering like gold in the sunlight. Astrid could feel the magical energy radiating from the tree, and she knew that this was the beginning of her adventure.

With cautious steps, she approached the tree and leaned against the trunk. Suddenly, with a soft rustle, the tree opened up to her as if welcoming her into its world. Astrid did not hesitate and stepped into the inner part of the tree.

Inside the apple tree, she was greeted by an enchanting sight. A bright light filled the room, and everywhere she looked, there were small creatures dancing and laughing among the branches. They were fairies, with their wings of transparent silk and their shining eyes gleaming with joy.

Astrid was speechless with wonder. She had never seen anything like it in her entire life. She felt as if she had stepped into a completely different world, a world of magic and adventure.

The fairies around her welcomed her and led her through the labyrinth of branches and leaves. They showed her the hidden treasures hidden inside the apple tree - jars filled with gold coins, jewels sparkling like stars, and books of wisdom stretching back to the dawn of time.

But amidst the treasures, Astrid found something even more valuable - a book bound in leather and inscribed with ancient script. It was the story of the apple tree, of its origin, and the magical power that lay in its roots. After spending hours inside the apple tree, surrounded by the laughter and song of the fairies, Astrid felt it was time to return to the village. With a heavy heart, she bid farewell to the fairies and stepped out of the tree.

But she knew that this was only the beginning of her adventure. She had discovered a world of magic and beauty right outside her own door, and she was determined to explore all that it had to offer.

And so, with a smile on her lips and a promise to never forget her adventure in the apple tree, Astrid began her journey back to the village. But in her heart, she knew that she would always return to the forest, to the magical apple tree, and to the wonderful creatures that lived there. For her adventure had only just begun.

Kafeen ved Kysten

Det var en rolig morgen ved kysten, der bølgene sang en søvnig sang og måkene fløy i sirkler over sanden. Ved vannkanten lå en liten kafé, kjent som "Kafeen ved Kysten". Den hadde vært et fast innslag i lokalsamfunnet i generasjoner, og den hadde sin egen unike sjarm som trakk folk til seg fra fjern og nær.

Inne i kafeen var det en blanding av dufter - kaffe som brygget seg, nystekte bakverk som lå på disken og havbris som kom inn gjennom de åpne vinduene. Bordene var dekket med hvite duker, og stoler sto pent på rad, klare til å ønske gjestene velkommen.

Blant de faste gjestene var det en eldre herre ved navn Lars. Han hadde vært en del av kystsamfunnet i årevis og var kjent for sine historier om gamle dager og sagn fra sjøen. Han satt alltid ved det samme bordet nær vinduet, med en kopp svart kaffe foran seg og et glimt av eventyr i øynene.

En dag, mens solen skinte og bølgene brøt mot stranden, kom det en ny gjest inn i kafeen. Hun het Ingrid og hadde nettopp flyttet til kysten etter å ha bodd i byen i mange år. Ingrid var nysgjerrig på det lokale samfunnet og ønsket å bli kjent med menneskene som bodde der.

Da hun så Lars ved vindusbordet, bestemte hun seg for å gå bort og hilse på ham. Med et smil gikk hun bort og satte seg ved bordet ved siden av ham.

"Hei," sa hun vennlig. "Jeg heter Ingrid. Er det ledig her?"

Lars snudde seg og smilte varmt til henne. "Selvfølgelig, vær så god," svarte han. "Jeg heter Lars. Hyggelig å møte deg, Ingrid."

Ingrid og Lars begynte å snakke, og snart var de fordypet i en livlig samtale. Lars fortalte henne om kystens historie, om gamle tradisjoner og om sjøfolkets liv og levnet. Ingrid lyttet fascinert, og hun kunne føle seg selv bli trukket inn i den rike kulturen som omgav dem.

Etter hvert som tiden gikk, ble Ingrid og Lars gode venner. De møttes regelmessig i kafeen ved kysten, delte historier og latter, og delte på øyeblikk av stillhet mens de så ut over havet.

En dag, mens de satt ved bordet sitt, kom det inn en ung mann med et bekymret uttrykk i ansiktet. Han het Erik og var en lokal fisker som hadde kommet for å ta en pause fra sitt arbeid på sjøen.

"Det er noe galt," sa han bekymret til Lars og Ingrid. "Jeg har vært ute på havet i dag, og jeg har lagt merke til at fiskebestanden synes å være mye mindre enn vanlig. Jeg vet ikke hva som skjer, men jeg er bekymret for fremtiden for vårt lille samfunn."

Ingrid og Lars lyttet oppmerksomt til Eriks bekymringer, og de visste at de måtte gjøre noe for å hjelpe. Etter å ha tenkt seg om en stund, kom de opp med en plan.

De bestemte seg for å arrangere et møte i kafeen ved kysten, der alle i lokalsamfunnet kunne samles for å diskutere problemet med fiskebestanden og komme med forslag til løsninger. Ord ble spredt, og snart var hele landsbyen samlet i kafeen, klar til å delta i samtalen.

Lars åpnet møtet med noen ord om viktigheten av å ta vare på havet og ressursene det gir oss. Deretter fikk alle lov til å komme med sine synspunkter og ideer. Det var en livlig diskusjon, med mange forskjellige meninger og perspektiver som ble delt.

Til slutt ble det enighet om å opprette en lokal bevaringsgruppe som skulle overvåke fiskebestanden og jobbe for å bevare havmiljøet. Ingrid, Lars og Erik ble valgt som ledere for gruppen, og de gledet seg til å sette i gang med sitt viktige arbeid.

Mens møtet ble avsluttet og folk begynte å dra hjem, kunne Lars og Ingrid ikke la være å smile til hverandre. De visste at selv om det kanskje var små skritt, var det et viktig første skritt mot en bedre fremtid for lokalsamfunnet deres.

Og så, mens solen sank langsomt ned over horisonten og månelyset kastet sitt skimmer over havet, fortsatte kafeen ved kysten å være et sted for samhold, fellesskap og håp for fremtiden. For i hjertet av lokalsamfunnet var det alltid en kopp kaffe, et smil og en varm velkomst til alle som kom innom.

The Café by the Coast

It was a calm morning by the coast, where the waves sang a sleepy song and the seagulls circled overhead. Along the shoreline sat a small café, known as "The Café by the Coast". It had been a staple in the community for generations, and it had its own unique charm that attracted people from near and far.

Inside the café was a mixture of scents - coffee brewing, freshly baked pastries on the counter, and the sea breeze drifting in through the open windows. Tables were adorned with white cloths, and chairs stood neatly in rows, ready to welcome guests.

Among the regular patrons was an elderly gentleman named Lars. He had been a part of the coastal community for years and was known for his tales of olden days and legends of the sea. He always sat at the same table near the window, with a cup of black coffee in front of him and a glimmer of adventure in his eyes.

One day, while the sun shone and the waves crashed against the shore, a new guest entered the café. Her name was Ingrid, and she had just moved to the coast after living in the city for many years. Ingrid was curious about the local community and eager to get to know the people who lived there.

Seeing Lars at the window table, she decided to approach him and say hello. With a smile, she walked over and took a seat at the table next to him.

"Hello," she said warmly. "My name is Ingrid. Is this seat taken?"

Lars turned and smiled warmly at her. "Of course, please, have a seat," he replied. "I'm Lars. Nice to meet you, Ingrid."

Ingrid and Lars began to talk, and soon they were engrossed in lively conversation. Lars told her about the history of the coast, about old traditions, and about the lives of sailors. Ingrid listened fascinated, feeling herself drawn into the rich culture that surrounded them.

As time went on, Ingrid and Lars became good friends. They met regularly at the café by the coast, sharing stories and laughter, and savoring moments of silence as they gazed out at the sea.

One day, as they sat at their table, a young man with a worried expression on his face entered the café. His name was Erik, and he was a local fisherman who had come to take a break from his work at sea.

"There's something wrong," he said anxiously to Lars and Ingrid. "I've been out on the sea today, and I've noticed that the fish stock seems to be much lower than usual. I don't know what's happening, but I'm worried about the future of our little community."

Ingrid and Lars listened attentively to Erik's concerns, knowing that they had to do something to help. After some thought, they came up with a plan.

They decided to organize a meeting at the café by the coast, where everyone in the local community could gather to discuss the issue of the fish stock and come up with suggestions for solutions. Word spread, and soon the entire village was gathered in the café, ready to participate in the conversation.

Lars opened the meeting with a few words about the importance of taking care of the sea and the resources it provides us. Then everyone was allowed to share their views and ideas. It was a lively discussion, with many different opinions and perspectives being shared.

In the end, it was agreed to establish a local conservation group to monitor the fish stock and work to preserve the marine environment. Ingrid, Lars, and Erik were chosen as leaders of the group, and they looked forward to getting started on their important work.

As the meeting concluded and people began to head home, Lars and Ingrid couldn't help but smile at each other. They knew that while it might be small steps, it was an important first step towards a better future for their community.

And so, as the sun slowly sank below the horizon and the moonlight cast its shimmer over the sea, the café by the coast continued to be a place of togetherness, community, and hope for the future. For at the heart of the community, there was always a cup of coffee, a smile, and a warm welcome for all who stopped by.

Hemmeligheten i Hytten

Det var en gang en liten hytte dypt inne i skogen, omgitt av høye trær og en stille innsjø. Hytten hadde stått der i generasjoner, og den bar preg av tidens tann med sitt værbitte treverk og slitte tak. Men bak den beskjedne fasaden skjulte det seg en hemmelighet som hadde ligget begravet i mange år.

Inne i hytten bodde en eldre mann ved navn Anders. Han hadde valgt å trekke seg tilbake fra det hektiske bylivet og søke fred og ro i naturen. Anders var en stille og ettertenksom mann, og han likte å tilbringe dagene med å fiske i innsjøen og vandre langs stiene i skogen.

En dag, mens Anders var ute og utforsket skogen rundt hytten, kom han over en gammel kiste gjemt under noen busker. Med nysgjerrighet i hjertet åpnet han kisten og ble overrasket over å finne gamle brev og dokumenter inni.

Brevene fortalte historien om de tidligere eierne av hytten, en familie som hadde bodd der mange år tidligere. Men det var én ting som fanget Anders' oppmerksomhet - en referanse til en hemmelighet som lå skjult et sted i hytten.

Anders visste med en gang at han måtte finne ut av hva denne hemmeligheten var. Han gikk tilbake til hytten og begynte å lete grundig gjennom hvert rom og hver krok. Han flyttet møbler, sjekket vegger og gulv, og til slutt kom han over en løs gulvplanke i stuen.

Med hjelp av en gammel kniv fikk Anders løs planken og avslørte en hemmelig luke under gulvet. Med hjertet hamrende i brystet åpnet han luka og så ned i det mørke hullet under.

Det han fant der nede, tok pusten fra ham. Det var en skattekiste, fylt til randen med gullmynter, smykker og verdifulle gjenstander. Anders kunne knapt tro sine egne øyne. Han hadde funnet den legendariske hemmeligheten i hytten.

Men det var ikke bare skattene som lå skjult under hytten. Sammen med dem fant Anders også en dagbok som tilhørte den tidligere eieren av hytten, en ung kvinne ved navn Eva. Gjennom hennes ord fikk Anders et innblikk i livet hennes og de utfordringene hun hadde stått overfor.

Eva hadde vært en eventyrlysten sjel, alltid på jakt etter spenning og opplevelser. Men livet hadde ikke alltid vært lett for henne, og hun hadde måttet kjempe mot både indre og ytre demoner. Likevel hadde hun aldri mistet håpet eller motet, og hennes historie berørte Anders dypt.

Som dagene gikk, tilbrakte Anders stadig mer tid med å lese Evas dagbok og utforske skatten som lå skjult under hytten. Han begynte å føle en sterk forbindelse med henne, som om de var bundet sammen av skjebnen.

En dag, mens Anders var ute på innsjøen og fisket, kom han over en ung kvinne som hadde gått seg vill i skogen. Hun het Sara og hadde vært på campingtur med noen venner da hun hadde kommet bort fra gruppen.

Anders hjalp henne trygt tilbake til hytten og tilbød henne en varm kopp te. Mens de satt ved peisen og pratet, delte de historier og erfaringer, og Anders fant seg selv åpne opp som han aldri hadde gjort før.

Sara ble fascinert av historiene om Evas dagbok og den legendariske skatten under hytten. Hun bestemte seg for å bli med Anders i jakten på flere spor om Evas liv og kanskje til og med hjelpe ham med å avdekke resten av hemmeligheten.

Sammen begynte de å utforske skogen og området rundt hytten, og etter hvert som de kom nærmere sannheten om Eva og hennes skjebne, oppdaget de også en dypere forbindelse som utviklet seg mellom dem.

Til slutt, etter mange dager med leting og eventyr, sto Anders og Sara foran gravstedet til Eva, dypt inne i skogen. Det var et øyeblikk av stillhet mens de betraktet den enkle graven, og Anders visste at han endelig hadde funnet fred for Eva og for seg selv.

Med den legendariske hemmeligheten i hytten avslørt og Evas historie fortalt, kunne Anders og Sara endelig la fortiden hvile og se framover mot en lysere fremtid sammen. For selv om hemmeligheten hadde vært

begravet i mange år, hadde den ført dem sammen på en reise som ville
vare livet ut.

21

The Secret in the Cabin

Once upon a time, there was a small cabin deep in the woods, surrounded by tall trees and a tranquil lake. The cabin had stood there for generations, bearing the marks of time with its weathered wood and worn roof. But behind the modest facade lay a secret that had been buried for many years.

Inside the cabin lived an elderly man named Anders. He had chosen to retreat from the hustle and bustle of city life and seek peace and solitude in nature. Anders was a quiet and contemplative man, and he enjoyed spending his days fishing in the lake and wandering along the forest trails. One day, while Anders was out exploring the woods around the cabin, he came across an old chest hidden under some bushes. With curiosity in his heart, he opened the chest and was surprised to find old letters and documents inside.

The letters told the story of the previous owners of the cabin, a family who had lived there many years before. But there was one thing that caught Anders' attention - a reference to a secret hidden somewhere in the cabin.

Anders knew right away that he had to find out what this secret was. He returned to the cabin and began to search thoroughly through every room and every corner. He moved furniture, checked walls and floors, and eventually came across a loose floorboard in the living room.

With the help of an old knife, Anders loosened the plank and revealed a secret hatch under the floor. With his heart pounding in his chest, he opened the hatch and looked down into the dark hole below.

What he found down there took his breath away. It was a treasure chest, filled to the brim with gold coins, jewels, and valuable items. Anders could scarcely believe his own eyes. He had found the legendary secret in the cabin.

But it wasn't just the treasures that were hidden under the cabin. Along with them, Anders also found a diary belonging to the former owner of the cabin, a young woman named Eva. Through her words, Anders gained insight into her life and the challenges she had faced.

Eva had been an adventurous soul, always seeking excitement and experiences. But life had not always been easy for her, and she had to fight against both inner and outer demons. Yet she never lost hope or courage, and her story touched Anders deeply.

As the days went by, Anders spent more and more time reading Eva's diary and exploring the treasure hidden under the cabin. He began to feel a strong connection with her, as if they were bound together by fate.

One day, while Anders was out on the lake fishing, he came across a young woman who had lost her way in the woods. Her name was Sara, and she had been on a camping trip with some friends when she had become separated from the group.

Anders helped her safely back to the cabin and offered her a warm cup of tea. As they sat by the fireplace talking, they shared stories and experiences, and Anders found himself opening up in ways he never had before.

Sara was fascinated by the stories of Eva's diary and the legendary treasure under the cabin. She decided to join Anders in the quest for more clues about Eva's life and perhaps even help him uncover the rest of the secret. Together, they began to explore the forest and the area around the cabin, and as they got closer to the truth about Eva and her fate, they also discovered a deeper connection that was developing between them.

Finally, after many days of searching and adventure, Anders and Sara stood before Eva's grave, deep in the woods. There was a moment of silence as they looked at the simple grave, and Anders knew that he had finally found peace for Eva and for himself.

With the legendary secret in the cabin revealed and Eva's story told, Anders and Sara could finally let the past rest and look forward to a brighter future together. For even though the secret had been buried for

many years, it had brought them together on a journey that would last a
lifetime.

25

Innblikk i Idyllen

Det var en stille ettermiddag i den lille landsbyen ved fjorden, der husene lå med sine røde tak og hvite vegger langs den rolige vannkanten. Trærne stod stille i den milde brisen, og lyden av måkene som skrek i det fjerne fylte luften. Midt i sentrum av landsbyen lå en liten bokhandel, kalt "Bokstuen", som var hjertet av det lokale samfunnet.

Inne i bokhandelen satt det en eldre herre ved navn Karl, med et smil om munnen og et glimt av visdom i øynene. Han var landsbyens bibliotekar og var kjent for sin store kunnskap og kjærlighet til bøker. Karl hadde tilbrakt hele livet sitt blant bøkene, og han kunne fortelle utallige historier om fortiden og nåtiden.

En dag kom det en ung kvinne ved navn Nora inn i bokhandelen. Hun hadde nettopp flyttet til landsbyen etter å ha bodd i storbyen i mange år, og hun var nysgjerrig på det lokale samfunnet og dets hemmeligheter. Med et smil gikk hun bort til Karl og hilste på ham.

"Hei," sa hun vennlig. "Jeg heter Nora. Er dette stedet for bøker og historier?"

Karl snudde seg og smilte varmt til henne. "Ja, velkommen til Bokstuen," svarte han. "Jeg er Karl, bibliotekaren her. Hvordan kan jeg hjelpe deg i dag, Nora?"

Nora smilte tilbake og begynte å bla gjennom bokhyllene, fascinert av det store utvalget av titler som lå foran henne. Hun visste ikke hvor hun skulle begynne, men til slutt plukket hun ut en bok som fanget oppmerksomheten hennes. Den hadde tittelen "Innblikk i Idyllen" og hadde et vakkert bilde av landsbyen på forsiden.

Med boken i hånden gikk Nora bort til Karl og spurte ham om historien bak den. Karl smilte og begynte å fortelle henne om forfatteren, en lokal forfatter ved navn Astrid, som hadde bodd i landsbyen hele livet sitt og hadde skrevet mange bøker om stedet og dets innbyggere.

"Innblikk i Idyllen" var en samling av Astrids beste noveller, som alle tok for seg ulike aspekter av livet i landsbyen. Fra hverdagslige øyeblikk av glede og sorg til uventede overraskelser og intriger, bød boken på et innblikk i det som gjorde landsbyen så unik og sjarmerende.

Intrigert av beskrivelsen av boken bestemte Nora seg for å kjøpe den og begynne å lese den samme kveld. Hun visste at det ville gi henne et innblikk i livet i landsbyen på en måte som ingenting annet kunne.

Hjemme i leiligheten sin, krøp Nora opp i favorittstolen sin med boken i hånden og begynte å lese. Fra de første sidene ble hun trukket inn i Astrids fortellinger og følte seg som en del av landsbyens fellesskap.

Den første novellen handlet om en ung kvinne ved navn Maria, som hadde bodd i landsbyen hele livet og hadde kjempet for å finne sin plass i verden. Gjennom hennes øyne fikk Nora et innblikk i de små gledene og utfordringene ved å leve et enkelt liv blant fjorder og fjell.

Etter hvert som Nora leste videre, ble hun kjent med landsbyens forskjellige innbyggere - fra den joviale bakeren som alltid hadde en vits på lur til den mystiske enkemannen som sjelden forlot huset sitt. Gjennom hver historie fikk hun et nytt perspektiv på livet i landsbyen og de menneskene som bodde der.

Men det var én historie som fanget Nora mer enn noen annen - historien om en gammel hytte ved fjorden som hadde blitt forlatt for mange år siden. Ryktene sa at hytten var hjemsøkt av spøkelser og at den skjulte en gammel skatt som ingen hadde klart å finne.

Inspirert av historien bestemte Nora seg for å utforske hytten selv og se om det var noe sannhet i ryktene. Hun tok med seg boken og begynte å gå mot fjorden, spent på hva hun ville finne.

Da hun nådde frem til hytten, kunne hun føle en udefinerbar følelse av spenning som strømmet gjennom kroppen hennes. Hun tente lommelykten sin og gikk forsiktig inn gjennom døren, klar til å utforske de mørke krokene av det forlatte huset.

Inne i hytten var det stille som graven, og Nora kunne høre hjertet banke i brystet mens hun undersøkte rom for rom. Men til tross for ryktene om spøkelser og skatter, fant hun ingenting mer enn støv og tomhet.

Skuffet, men ikke nedslått, satte Nora seg ned på en gammel stol i stuen og åpnet boken "Innblikk i Idyllen" på nytt. Som om boken visste hva hun trengte, åpnet den seg på en side som Nora ikke hadde lest tidligere.

Der, midt på siden, var det en notat fra Astrid selv, som sa: "Sannheten om hytten ved fjorden er ikke alltid slik den ser ut til å være. Noen ganger er det det som ligger under overflaten som er mest verdifullt av alt."

Med disse ordene i tankene, innså Nora at det virkelige innblikket i idyllen ikke handlet om spøkelser eller skatter, men om de menneskene som levde sine liv i landsbyen. Det handlet om deres glede og sorg, deres drømmer og utfordringer, og det var dette som gjorde stedet så spesielt.

Med et smil lukket Nora boken og reiste seg opp fra stolen. Selv om hun kanskje ikke hadde funnet en skatt i hytten ved fjorden, hadde hun funnet noe enda mer verdifullt - et innblikk i idyllen som var hennes nye hjem, og en følelse av tilhørighet til det lokale samfunnet som ville vare livet ut.

Insight into the Idyll

It was a quiet afternoon in the small village by the fjord, where the houses stood with their red roofs and white walls along the tranquil waterfront. The trees stood still in the gentle breeze, and the sound of seagulls screaming in the distance filled the air. In the center of the village lay a small bookstore, called "Book Haven", which was the heart of the local community.

Inside the bookstore sat an elderly gentleman named Karl, with a smile on his face and a glimmer of wisdom in his eyes. He was the village librarian and was known for his vast knowledge and love of books. Karl had spent his entire life among the books, and he could tell countless stories about the past and the present.

One day, a young woman named Nora entered the bookstore. She had just moved to the village after living in the city for many years, and she was curious about the local community and its secrets. With a smile, she approached Karl and greeted him.

"Hello," she said kindly. "My name is Nora. Is this the place for books and stories?"

Karl turned and smiled warmly at her. "Yes, welcome to Book Haven," he replied. "I'm Karl, the librarian here. How can I help you today, Nora?"

Nora smiled back and began to browse through the shelves, fascinated by the wide selection of titles in front of her. She didn't know where to begin, but eventually, she picked out a book that caught her eye. It was titled "Insight into the Idyll" and had a beautiful picture of the village on the cover.

With the book in hand, Nora approached Karl and asked him about the story behind it. Karl smiled and began to tell her about the author, a local writer named Astrid, who had lived in the village her entire life and had written many books about the place and its inhabitants.

"Insight into the Idyll" was a collection of Astrid's best short stories, all of which explored different aspects of life in the village. From everyday moments of joy and sorrow to unexpected surprises and intrigues, the book offered insight into what made the village so unique and charming. Intrigued by the description of the book, Nora decided to buy it and start reading it that same evening. She knew it would give her insight into life in the village in a way that nothing else could.

Back home in her apartment, Nora curled up in her favorite chair with the book in hand and began to read. From the first pages, she was drawn into Astrid's stories and felt like a part of the village community.

The first short story was about a young woman named Maria, who had lived in the village her whole life and had struggled to find her place in the world. Through her eyes, Nora gained insight into the small joys and challenges of living a simple life among fjords and mountains.

As Nora continued reading, she became acquainted with the village's various inhabitants - from the jovial baker who always had a joke ready to the mysterious widower who rarely left his house. Through each story, she gained a new perspective on life in the village and the people who lived there.

But there was one story that captivated Nora more than any other - the story of an old cabin by the fjord that had been abandoned many years ago. Rumors said that the cabin was haunted by ghosts and that it hid an old treasure that no one had managed to find.

Inspired by the story, Nora decided to explore the cabin herself and see if there was any truth to the rumors. She took the book with her and began to walk toward the fjord, eager to see what she would find.

When she reached the cabin, she could feel an indescribable sense of excitement coursing through her body. She lit her flashlight and cautiously entered through the door, ready to explore the dark corners of the abandoned house.

Inside the cabin, it was silent as the grave, and Nora could hear her heart pounding in her chest as she searched room by room. But despite the rumors of ghosts and treasures, she found nothing but dust and emptiness.

Disappointed but not discouraged, Nora sat down in an old chair in the living room and opened the book "Insight into the Idyll" again. As if the book knew what she needed, it opened to a page that Nora hadn't read before.

There, in the middle of the page, was a note from Astrid herself, saying: "The truth about the cabin by the fjord is not always what it seems. Sometimes, it's what lies beneath the surface that is most valuable of all." With these words in mind, Nora realized that the real insight into the idyll wasn't about ghosts or treasures, but about the people who lived their lives in the village. It was about their joys and sorrows, their dreams and challenges, and it was this that made the place so special.

With a smile, Nora closed the book and rose from her chair. Although she may not have found a treasure in the cabin by the fjord, she had found something even more valuable - an insight into the idyll that was her new home, and a sense of belonging to the local community that would last a lifetime.

Kvelden på Kyststien

Det var en rolig kveld langs den vakre kyststien, der solen sakte sank ned bak horisonten og kastet et varmt oransje skjær over havet. På kyststien gikk en enslig kvinne ved navn Eva, med tankene langt borte og hjertet fylt av lengsel. Hun hadde kommet til kysten for å finne ro og fred, og håpet å finne svar på spørsmålene som plaget henne.

Eva gikk langs stien med rolige skritt, lyttende til lyden av bølgene som slo mot klippene og måkene som skrek i det fjerne. Hun lot tankene vandre fritt, og snart ble hun oppslukt av minner fra fortiden og drømmer om fremtiden.

Plutselig brøt lyden av en stemme gjennom stillheten, og Eva snudde seg for å se hvem det var. Bak henne sto en eldre kvinne med hvitt hår og et vennlig smil.

"Hei, unge dame," sa kvinnen. "Er det ikke en nydelig kveld på kyststien?"

Eva nikket og smilte tilbake. "Ja, det er det virkelig," svarte hun. "Jeg elsker å gå her og bare la tankene mine vandre fritt."

Kvinnen nikket og la en hånd på Evas skulder. "Jeg forstår det godt. Kyststien har en magisk kraft til å berolige sinnet og sjelen. Jeg har selv kommet hit mange ganger når jeg trengte tid til å tenke og reflektere."

Eva så nysgjerrig på kvinnen. "Har du funnet svar på spørsmålene dine her?" spurte hun.

Kvinnen smilte og nikket. "Ja, mange ganger. Men noen ganger er det ikke svarene vi leter etter som er viktigst, men reisen vi tar for å finne dem."

Eva tenkte nøye over kvinnens ord og kjente en følelse av ro og aksept spre seg gjennom kroppen hennes. Kanskje var svarene på spørsmålene hennes ikke så langt unna som hun hadde trodd.

Sammen fortsatte Eva og kvinnen å gå langs kyststien, delende tanker og historier mens de beundret den vakre utsikten. Snart begynte solen å gå ned, og himmelen ble farget i nyanser av rosa og lilla.

Plutselig stoppet kvinnen opp og pekte mot horisonten. "Se der," sa hun. "Det er det vakreste synet av alle."

Eva så i retningen kvinnen pekte, og det hun så tok pusten fra henne. Langt ute på havet så hun et syn som var så vakkert at det virket nesten uvirkelig. En flokk delfiner hoppet og lekte i bølgene, og lyden av deres latter fylte luften.

Tårene begynte å samle seg i øynene til Eva mens hun så på delfinene. Det var som om de danset i harmoni med universet, og i det øyeblikket følte hun seg forbundet med alt liv på jorden.

Kvinnen la en trøstende arm rundt Eva og holdt henne nær. "Det er øyeblikk som dette som gjør livet verdt å leve," sa hun stille.

Eva nikket og tørket bort tårene fra øynene sine. "Takk," hvisket hun. "Takk for at du delte dette øyeblikket med meg."

Kvinnen smilte og ga Eva et varmt klem. "Det var min glede," sa hun. "Jeg tror vi begge har funnet noe spesielt her i kveld - en liten bit av fred og lykke som vi kan ta med oss videre på vår vei."

Sammen sto de to kvinnene på kyststien og beundret synet av delfinene som danset i solnedgangen. For Eva var det en kveld hun aldri ville glemme, fylt med magi og skjønnhet som ville fortsette å lyse opp livet hennes i lang tid fremover.

Evening on the Coastal Path

It was a peaceful evening along the beautiful coastal path, where the sun slowly sank behind the horizon, casting a warm orange glow over the sea. Walking along the path was a solitary woman named Eva, her mind far away and her heart filled with longing. She had come to the coast to find peace and solace, hoping to find answers to the questions that troubled her.

Eva walked along the path with gentle steps, listening to the sound of the waves crashing against the cliffs and the seagulls squawking in the distance. She let her thoughts wander freely, soon becoming absorbed in memories from the past and dreams of the future.

Suddenly, the sound of a voice broke through the silence, and Eva turned to see who it was. Standing behind her was an older woman with white hair and a friendly smile.

"Hello, young lady," said the woman. "Isn't it a lovely evening on the coastal path?"

Eva nodded and smiled back. "Yes, it really is," she replied. "I love walking here and just letting my thoughts wander."

The woman nodded and placed a hand on Eva's shoulder. "I understand completely. The coastal path has a magical power to soothe the mind and soul. I myself have come here many times when I needed time to think and reflect."

Eva looked curiously at the woman. "Have you found answers to your questions here?" she asked.

The woman smiled and nodded. "Yes, many times. But sometimes it's not the answers we're looking for that are the most important, but the journey we take to find them."

Eva carefully considered the woman's words and felt a sense of calm and acceptance spread through her body. Perhaps the answers to her questions weren't as far away as she had thought.

Together, Eva and the woman continued to walk along the coastal path, sharing thoughts and stories as they admired the beautiful view. Soon, the sun began to set, painting the sky in shades of pink and purple.

Suddenly, the woman stopped and pointed towards the horizon. "Look there," she said. "It's the most beautiful sight of all."

Eva looked in the direction the woman pointed, and what she saw took her breath away. Far out at sea, she saw a sight so beautiful that it seemed almost unreal. A pod of dolphins was jumping and playing in the waves, and the sound of their laughter filled the air.

Tears began to gather in Eva's eyes as she watched the dolphins. It was as if they were dancing in harmony with the universe, and in that moment, she felt connected to all life on earth.

The woman wrapped a comforting arm around Eva and held her close. "It's moments like these that make life worth living," she said softly.

Eva nodded and wiped away the tears from her eyes. "Thank you," she whispered. "Thank you for sharing this moment with me."

The woman smiled and gave Eva a warm hug. "It was my pleasure," she said. "I believe we've both found something special here tonight - a little piece of peace and happiness that we can carry with us on our journey."

Together, the two women stood on the coastal path, admiring the sight of the dolphins dancing in the sunset. For Eva, it was an evening she would never forget, filled with magic and beauty that would continue to brighten her life for a long time to come.

Uventede Opplevelser på Øya

Det var en solfylt dag på den lille øya, der havet glitret i solskinnet og palmene svaiet i den milde brisen. På øya bodde en ung kvinne ved navn Sofie, som hadde flyttet dit for å finne ro og fred etter en travel tid i byen. Hun hadde alltid drømt om å bo på en øde øy, og nå hadde hun endelig fått sjansen til å oppfylle den drømmen.

Sofie elsket livet på øya, der hun kunne tilbringe dagene med å utforske de vakre strendene og svømme i det krystallklare vannet. Hun hadde også blitt kjent med de få andre menneskene som bodde på øya, og de hadde blitt hennes nære venner og naboer.

En dag mens Sofie gikk langs stranden, oppdaget hun noe uvanlig som lå skylt i land på stranden. Det var en gammel flaske med et rullet opp papir inni. Med nysgjerrighet i hjertet, plukket Sofie opp flasken og åpnet den forsiktig. Inni fant hun et brev som så ut til å ha blitt skrevet for lenge siden.

Brevet var fra en eventyrer som hadde strandet på øya mange år tidligere. Han fortalte historier om de spennende opplevelsene han hadde hatt på øya, og om skatten han hadde gravd ned et sted på øya før han forlot den. Han oppfordret den som fant brevet til å lete etter skatten og oppleve de samme spennende eventyrene som han hadde hatt.

Sofie kunne knapt tro sine egne øyne da hun leste brevet. Var det virkelig mulig at det var en skatt gjemt et sted på øya? Tanken på å finne skatten fylte henne med spenning og eventyrlyst, og hun bestemte seg for å begynne å lete med en gang.

Sammen med vennene sine begynte Sofie å lete etter ledetråder som kunne føre dem til skatten. De utforsket hver krok av øya, fra de tette junglene til de bortgjemte grottene, og de lot seg ikke stoppe av noen hindringer på veien.

Etter mange dagers leting og utfordringer, stod Sofie og vennene hennes til slutt foran en gammel ruin på øya. Det var her den strandete eventyreren hadde sagt at skatten skulle være gjemt, og nå var det opp til dem å finne den.

Med bankende hjerter begynte de å utforske ruinene, lete etter skatten blant de gamle steinene og mursteinene. Etter en stund fant de endelig det de lette etter - en gammel kiste gjemt under en haug av råtne planker og jord.

Med skjelvende hender åpnet de kisten og så på skattene inni. Det var gullmynter, smykker og andre verdifulle gjenstander som hadde ligget gjemt i mange år. Men det mest verdifulle av alt var ikke skattene selv, men de minnene og opplevelsene de hadde delt sammen på veien.

Sofie og vennene hennes lo og feiret sammen, takknemlige for å ha opplevd noe så spesielt sammen. De visste at de aldri ville glemme de uventede opplevelsene de hadde hatt på øya, og at minnene fra den dagen ville vare livet ut.

Unexpected Adventures on the Island

It was a sunny day on the small island, where the sea sparkled in the sunshine and the palm trees swayed in the gentle breeze. On the island lived a young woman named Sofie, who had moved there to find peace and tranquility after a busy time in the city. She had always dreamed of living on a deserted island, and now she had finally been given the chance to fulfill that dream.

Sofie loved life on the island, where she could spend her days exploring the beautiful beaches and swimming in the crystal-clear water. She had also gotten to know the few other people who lived on the island, and they had become her close friends and neighbors.

One day while Sofie was walking along the beach, she discovered something unusual washed up on the shore. It was an old bottle with a rolled-up piece of paper inside. With curiosity in her heart, Sofie picked up the bottle and opened it carefully. Inside, she found a letter that seemed to have been written a long time ago.

The letter was from an adventurer who had stranded on the island many years earlier. He told stories of the exciting experiences he had had on the island, and of the treasure he had buried somewhere on the island before leaving it. He urged whoever found the letter to search for the treasure and experience the same exciting adventures he had had.

Sofie could hardly believe her own eyes as she read the letter. Was it really possible that there was a treasure hidden somewhere on the island? The thought of finding the treasure filled her with excitement and adventure, and she decided to start searching right away.

Together with her friends, Sofie began to search for clues that could lead them to the treasure. They explored every corner of the island, from the dense jungles to the hidden caves, and they were not deterred by any obstacles along the way.

After many days of searching and challenges, Sofie and her friends finally stood in front of an old ruin on the island. This was where the stranded adventurer had said the treasure should be hidden, and now it was up to them to find it.

With pounding hearts, they began to explore the ruins, searching for the treasure among the old stones and bricks. After a while, they finally found what they were looking for - an old chest hidden under a pile of rotten planks and soil.

With trembling hands, they opened the chest and looked at the treasures inside. There were gold coins, jewelry, and other valuable items that had been hidden for many years. But the most valuable thing of all was not the treasures themselves, but the memories and experiences they had shared together along the way.

Sofie and her friends laughed and celebrated together, grateful to have experienced something so special together. They knew that they would never forget the unexpected adventures they had had on the island, and that the memories of that day would last a lifetime.

Livet langs Løvtrærne

Det var en varm sommerdag i den lille landsbyen ved foten av fjellene, der de majestetiske løvtrærne strakte seg mot himmelen og kastet skygge over de brosteinsbelagte gatene. Landsbyen var et idyllisk sted, der tiden syntes å gå sakte og folk levde i harmoni med naturen og hverandre.

Blant de mange innbyggerne i landsbyen bodde en ung kvinne ved navn Maria. Maria var født og oppvokst i landsbyen og hadde alltid elsket det rolige livet blant løvtrærne. Hun hadde arvet en liten blomsterbutikk fra foreldrene sine, og det var der hun tilbrakte mesteparten av tiden sin, omgitt av fargerike blomster og duften av nyslått gress.

En dag, mens Maria arbeidet i butikken sin, kom det en fremmed inn gjennom døren. Han var kledd i en enkel bomullsdrakt og bar på en liten skinnveske. Maria så nysgjerrig på mannen og lurte på hva han kunne ønske seg.

"God dag," sa mannen med et vennlig smil. "Jeg heter Henrik, og jeg er ny i landsbyen. Jeg leter etter et sted å bo, og jeg lurte på om du kunne hjelpe meg?"

Maria smilte tilbake og nikket. "Selvfølgelig," sa hun. "Jeg kjenner nesten alle i landsbyen, så jeg skal hjelpe deg å finne et passende sted å bo."

Så Maria og Henrik begynte å gå gjennom landsbyen, mens de snakket og ble kjent med hverandre. Maria fortalte Henrik om de ulike nabolagene i landsbyen og de forskjellige menneskene som bodde der, mens Henrik delte historier fra sitt eget liv og sine egne erfaringer.

Etter hvert som de gikk, oppdaget de stadig nye ting om hverandre og landsbyen der de bodde. De snakket om alt fra favorittblomstene deres til barndomsminner og drømmer for fremtiden. Og selv om de kom fra forskjellige bakgrunner og hadde ulike livshistorier, fant de raskt felles grunn og utviklet et nært vennskap.

Tiden gikk, og Henrik fant til slutt et koselig lite hus ved enden av en rolig gate. Han flyttet inn og begynte å bli en del av landsbyens fellesskap. Han hjalp til med å plante blomster i parken, delta på lokale arrangementer og støtte de lokale butikkene og bedriftene.

Maria og Henrik tilbrakte mye tid sammen, og hver dag gikk de turer langs de brosteinsbelagte gatene i landsbyen, snakket om alt mellom himmel og jord. De delte gleder og sorger, latter og tårer, og støttet hverandre i tykt og tynt.

Men selv om livet langs løvtrærne virket idyllisk på overflaten, var det også utfordringer og prøvelser som måtte møtes. Landsbyen hadde sin del av konflikter og uenigheter, og det var ikke alltid like enkelt å finne løsninger på problemene som oppsto.

En dag ble landsbyen rammet av en alvorlig tørke, og avlingene begynte å visne bort. Folkene i landsbyen ble bekymret for matforsyningene og fremtiden deres, og det oppsto uenighet om hva som burde gjøres for å løse situasjonen.

Maria og Henrik så hvordan spenningen begynte å bygge seg opp i landsbyen, og de visste at noe måtte gjøres for å unngå en krise. Sammen satte de seg ned med de andre innbyggerne og diskuterte mulige løsninger på problemet.

Etter mye diskusjon og samarbeid klarte de til slutt å finne en løsning som alle kunne enes om. De organiserte felles arbeidsdager der alle innbyggerne i landsbyen kom sammen for å vanne avlingene og hjelpe hverandre med å overleve tørken.

Til slutt kom regnet, og landsbyen ble igjen grønn og frodig. Men det viktigste var ikke regnet i seg selv, men det fellesskapet og samholdet som hadde blitt bygget opp i landsbyen under krisen. Maria og Henrik visste at livet langs løvtrærne kunne være utfordrende til tider, men med kjærlighet, vennskap og fellesskap, kunne de overvinne alle utfordringer som kom deres vei.

Life Along the Linden Trees

It was a warm summer day in the small village at the foot of the mountains, where the majestic linden trees stretched towards the sky and cast shadows over the cobblestone streets. The village was an idyllic place, where time seemed to pass slowly and people lived in harmony with nature and each other.

Among the many residents of the village lived a young woman named Maria. Maria was born and raised in the village and had always loved the quiet life among the linden trees. She had inherited a small flower shop from her parents, and that was where she spent most of her time, surrounded by colorful flowers and the scent of freshly cut grass.

One day, while Maria was working in her shop, a stranger walked in through the door. He was dressed in simple cotton clothes and carried a small leather bag. Maria looked curiously at the man, wondering what he might want.

"Good day," said the man with a friendly smile. "My name is Henrik, and I am new to the village. I am looking for a place to stay, and I was wondering if you could help me?"

Maria smiled back and nodded. "Of course," she said. "I know almost everyone in the village, so I will help you find a suitable place to live."

So Maria and Henrik began to walk through the village, talking and getting to know each other. Maria told Henrik about the different neighborhoods in the village and the various people who lived there, while Henrik shared stories from his own life and experiences.

As they walked, they discovered more and more about each other and the village where they lived. They talked about everything from their favorite flowers to childhood memories and dreams for the future. And although they came from different backgrounds and had different life stories, they quickly found common ground and developed a close friendship.

Time passed, and Henrik eventually found a cozy little house at the end of a quiet street. He moved in and began to become a part of the village community. He helped plant flowers in the park, attended local events, and supported the local shops and businesses.

Maria and Henrik spent a lot of time together, and every day they took walks along the cobblestone streets of the village, talking about everything under the sun. They shared joys and sorrows, laughter and tears, and supported each other through thick and thin.

But even though life along the linden trees seemed idyllic on the surface, there were also challenges and trials to be faced. The village had its share of conflicts and disagreements, and it was not always easy to find solutions to the problems that arose.

One day, the village was hit by a severe drought, and the crops began to wither away. The people in the village became worried about their food supplies and their future, and disagreements arose about what should be done to solve the situation.

Maria and Henrik saw how the tension began to build in the village, and they knew that something had to be done to avoid a crisis. Together, they sat down with the other villagers and discussed possible solutions to the problem.

After much discussion and collaboration, they finally managed to find a solution that everyone could agree on. They organized communal work days where all the villagers came together to water the crops and help each other survive the drought.

In the end, the rain came, and the village became green and lush once again. But the most important thing was not the rain itself, but the community and solidarity that had been built up in the village during the crisis. Maria and Henrik knew that life along the linden trees could be challenging at times, but with love, friendship, and community, they could overcome any challenges that came their way.

En Sommernatt i Oslo

Det var en varm sommernatt i Oslo, byen som aldri sover. Gatelyktene kastet sitt myke skjær over de brosteinsbelagte gatene, og lyden av latter og musikk fløt gjennom luften. I denne vakre byen fant vi våre hovedpersoner, Anna og Lars, to nysgjerrige sjeler som ventet på å oppdage hva denne spesielle natten ville bringe.

Anna og Lars hadde vært venner siden barndommen, og nå, som voksne, elsket de å utforske byens mange skjulte perler. Denne kvelden bestemte de seg for å ta en spasertur langs Akerselva, en livlig elv som snirklet seg gjennom byen. Med hender flettet sammen og smilende ansikter gikk de langs elvebredden, mens de lyttet til lyden av vannet som sildret og de myke susene fra trærne.

Plutselig fanget lyden av musikk deres oppmerksomhet. Fjern, men likevel lokkende, førte den dem til en liten park ved elvebredden. Der, under det svake lyset fra gatelyktene, fant de en gruppe mennesker som danset til rytmene av en lokal musiker som spilte gitar. Anna og Lars kunne ikke motstå fristelsen til å bli med i dansen, og snart var de sammen med de andre, svevende over gresset i en følelse av ren glede og frihet.

Etter dansen bestemte Anna og Lars seg for å utforske mer av Oslos natteliv. De vandret gjennom de trange gatene i Grünerløkka, en fargerik bydel fylt med kafeer, barer og kunstgallerier. Ved hvert hjørne oppdaget de noe nytt og spennende, fra de fargerike graffitiene som prydet veggene til de duftende bakeriene som fristet dem med ferske bakverk.

Men det var én ting som Anna og Lars hadde glemt: klokken tikket ubarmhjertig mot midnatt, og de visste at de måtte snart finne veien hjem. Med et tungt hjerte begynte de å vende tilbake til sine egne boliger, men på veien kunne de ikke la være å smile når de tenkte tilbake på alt de hadde opplevd den kvelden.

Så, mens solen begynte å stige over horisonten og natten gradvis ble til dag, avsluttet Anna og Lars sin reise gjennom En Sommernatt i Oslo. Men selv om natten var over, visste de at minnene fra denne magiske kvelden ville vare evig, og at de alltid ville ha hverandre å dele dem med.

A Summer Night in Oslo

It was a warm summer night in Oslo, the city that never sleeps. The streetlights cast their soft glow over the cobblestone streets, and the sound of laughter and music floated through the air. In this beautiful city, we found our main characters, Anna and Lars, two curious souls waiting to discover what this special night would bring.

Anna and Lars had been friends since childhood, and now, as adults, they loved to explore the city's many hidden gems. This evening, they decided to take a stroll along the Akerselva, a lively river winding its way through the city. With hands intertwined and smiling faces, they walked along the riverbank, listening to the sound of the water trickling and the gentle rustling of the trees.

Suddenly, the sound of music caught their attention. Distant, yet alluring, it led them to a small park by the riverbank. There, under the faint light of the streetlights, they found a group of people dancing to the rhythms of a local musician playing the guitar. Anna and Lars couldn't resist the temptation to join the dance, and soon they were among the others, floating over the grass in a sense of pure joy and freedom.

After the dance, Anna and Lars decided to explore more of Oslo's nightlife. They wandered through the narrow streets of Grünerløkka, a colorful district filled with cafes, bars, and art galleries. At every corner, they discovered something new and exciting, from the vibrant graffiti adorning the walls to the fragrant bakeries tempting them with fresh pastries.

But there was one thing Anna and Lars had forgotten: the clock was ticking mercilessly towards midnight, and they knew they would soon have to find their way home. With heavy hearts, they began to make their way back to their own homes, but along the way, they couldn't help but smile as they reminisced about everything they had experienced that evening.

So, as the sun began to rise over the horizon and the night gradually turned into day, Anna and Lars concluded their journey through A Summer Night in Oslo. But even though the night was over, they knew that the memories of this magical evening would last forever, and that they would always have each other to share them with.

Mysteriet på Mjøsa

Langs bredden av den majestetiske Mjøsa, Norges største innsjø, skjuler det seg et mysterium som har forvirret og fascinert lokalbefolkningen i generasjoner. Historiene om dette mysteriet har blitt hvisket vidt og bredt, og hver ny generasjon har forsøkt å løse gåten som omgir innsjøen og dens hemmeligheter.

I en liten landsby ved Mjøsa bodde det en ung kvinne ved navn Ingrid. Ingrid var en eventyrlysten sjel, og hun hadde alltid vært fascinert av de mystiske historiene som omgav innsjøen. Fra hennes barndom hadde hun hørt fortellinger om underlige lys som danset over vannet om natten og om lyder som kunne høres fra dypet av innsjøen.

En sommernatt, da måneskinnet badet Mjøsa i et sølvaktig skjær, bestemte Ingrid seg for å utforske mysteriet på egenhånd. Med en båt lånt fra sin far la hun ut på innsjøen, drevet av en uimotståelig trang til å avdekke sannheten som lå skjult under vannets overflate.

Etter flere timer med å ro gjennom det stille vannet, begynte Ingrid å merke at noe var galt. Lufta ble tykkere, og skygger danset på vannet rundt henne. Plutselig, uten forvarsel, ble båten trukket nedover, som om den var fanget i et usynlig grep fra dypet av innsjøen.

Med hjertet bankende av frykt og spenning, styrte Ingrid båten mot den nærmeste øya og søkte ly ved bredden. Der, i skyggen av trærne, fant hun et gammelt, forlatt hus som så ut til å ha ligget der i årevis. Ingrid følte en uforklarlig tiltrekning til stedet og bestemte seg for å utforske det nærmere.

Inne i huset fant Ingrid spor etter tidligere beboere: gamle møbler dekket av støv, bilder på veggene som hadde falmet med årene, og et skrin fylt med brev og dagbøker som avslørte livene til dem som en gang hadde bodd der. Mens hun bladde gjennom de gulnede sidene, kom Ingrid over en særegen fortelling om en forbannelse som hvilte over Mjøsa.

Ifølge fortellingen hadde innsjøen blitt rammet av en ondskapsfull forbannelse for generasjoner siden, da en ulykkelig kjærlighetshistorie endte i tragedie. En ung elsker hadde kastet seg selv i innsjøen etter å ha blitt avvist av sin elskede, og i sin sorg hadde han bedt om at ingen andre skulle oppleve lykke ved Mjøsa igjen.

Men Ingrid trodde ikke på overtro og legender. Hun var fast bestemt på å finne ut sannheten bak mysteriet på Mjøsa og løse forbannelsen som hvilte over innsjøen. Med modig hjerte og fast beslutning bestemte hun seg for å grave dypere og avdekke hemmelighetene som hadde blitt begravd under årene med tidens gang.

Gjennom grundige undersøkelser og møter med lokalbefolkningen, avdekket Ingrid gradvis brikker av puslespillet som hadde vært skjult i skyggene. Hun lærte om gamle legender og overtro, om forsvunne skatter og hemmelige møter ved bredden av innsjøen. Og til slutt, etter mange måneder med hardt arbeid og utforskning, fant hun den avgjørende ledetråden som ville lede henne til sannheten.

På en stormfull kveld, da Mjøsa brølte av vrede og lynet flerret himmelen, kom Ingrid ansikt til ansikt med mysteriet som hadde plaget henne i så lang tid. Hun sto ved bredden av innsjøen og stirret ned i det mørke vannet, der hun så et svakt lys som blinket gjennom tåken.

Med en siste innsats svømte Ingrid ut i innsjøen og dykket ned mot lyset som lokket henne. Da hun nådde bunnen, fant hun en gammel amulett som glitret i det dunkle vannet. Med en følelse av triumf grep hun amuletten og holdt den opp mot måneskinnet, og i det øyeblikket brøt en voldsom stråle av lys gjennom skyene og spredte seg over innsjøen.

Da solen steg over horisonten, brøt en ny dag fram over Mjøsa, og mysteriet som hadde plaget byen i generasjoner, ble løst av en modig ung kvinne som hadde troen på at sannheten alltid ville seire. Og selv om Ingrid forlot Mjøsa den dagen og vendte tilbake til sitt eget liv, ville hennes navn og hennes bedrifter bli husket og feiret av dem som visste hvilken urokkelig vilje som lå bak hennes søken etter sannhet og rettferdighet.

The Mystery on Lake Mjøsa

Along the shores of the majestic Mjøsa, Norway's largest lake, lies a mystery that has baffled and fascinated the local population for generations. The stories of this mystery have been whispered far and wide, and each new generation has tried to solve the riddle surrounding the lake and its secrets.

In a small village by Mjøsa lived a young woman named Ingrid. Ingrid was an adventurous soul, and she had always been fascinated by the mysterious stories surrounding the lake. From her childhood, she had heard tales of strange lights dancing over the water at night and of sounds that could be heard from the depths of the lake.

One summer night, when the moonlight bathed Mjøsa in a silvery glow, Ingrid decided to explore the mystery on her own. With a boat borrowed from her father, she set out onto the lake, driven by an irresistible urge to uncover the truth hidden beneath the water's surface.

After several hours of rowing through the calm waters, Ingrid began to sense that something was amiss. The air grew thicker, and shadows danced on the water around her. Suddenly, without warning, the boat was pulled downward, as if caught in an invisible grip from the depths of the lake.

With her heart pounding with fear and excitement, Ingrid steered the boat towards the nearest island and sought refuge on the shore. There, in the shade of the trees, she found an old, abandoned house that seemed to have been there for years. Ingrid felt an inexplicable attraction to the place and decided to explore it further.

Inside the house, Ingrid found traces of former inhabitants: old furniture covered in dust, pictures on the walls that had faded with the years, and a chest filled with letters and diaries that revealed the lives of those who had once lived there. As she flipped through the yellowed pages, Ingrid came across a peculiar tale of a curse that rested over Mjøsa.

According to the tale, the lake had been struck by a malicious curse generations ago, when a tragic love story ended in disaster. A young lover had thrown himself into the lake after being rejected by his beloved, and in his grief, he had prayed that no one else should experience happiness at Mjøsa again.

But Ingrid did not believe in superstition and legends. She was determined to find out the truth behind the mystery on Lake Mjøsa and to break the curse that rested over the lake. With a courageous heart and unwavering determination, she resolved to dig deeper and uncover the secrets that had been buried over the years.

Through thorough investigations and meetings with the locals, Ingrid gradually uncovered pieces of the puzzle that had been hidden in the shadows. She learned about ancient legends and superstitions, about lost treasures and secret meetings at the lake's shore. And finally, after many months of hard work and exploration, she found the crucial clue that would lead her to the truth.

On a stormy night, when Mjøsa roared with fury and lightning tore through the sky, Ingrid came face to face with the mystery that had plagued her for so long. She stood on the shore of the lake and gazed into the dark water, where she saw a faint light blinking through the mist.

With one last effort, Ingrid swam out into the lake and dove down towards the light that beckoned her. When she reached the bottom, she found an old amulet glittering in the murky water. With a sense of triumph, she grasped the amulet and held it up to the moonlight, and in that moment, a powerful beam of light broke through the clouds and spread across the lake.

As the sun rose over the horizon, a new day dawned over Mjøsa, and the mystery that had plagued the town for generations was solved by a brave young woman who believed that truth would always prevail. And although Ingrid left Mjøsa that day and returned to her own life, her name and her deeds would be remembered and celebrated by those who knew the unwavering will behind her quest for truth and justice.

En Dag på Lofoten

På de majestetiske Lofotenøyene, der fjellene stiger opp fra havet og himmelen møter jorden, finner vi et samfunn preget av enkelhet og skjønnhet. En dag i Lofoten er som et eventyr, der naturen og menneskene lever i harmoni og skaper en atmosfære av fred og ro.

Historien vår begynner en solfylt morgen på en liten gård ved kysten av Lofoten. På gården bodde det en ung kvinne ved navn Anna, hvis kjærlighet til naturen og lidenskap for eventyr gjorde henne til hjertet av samfunnet. Anna våknet tidlig hver dag for å nyte den friske havluften og det vakre landskapet som omgav henne.

Denne spesielle dagen hadde Anna planlagt en utflukt til en av øyene utenfor kysten av Lofoten. Med en kurv med matpakker og en flaske med ferskpresset eplejuice, la hun ut på reisen med en følelse av spenning og forventning i hjertet sitt.

På vei til øya, ble Anna møtt av det vakre synet av fjellene som speilet seg i det stille havet og de fargerike fiskebåtene som danset på bølgene. Hun kunne kjenne den friske havluften på huden sin og høre lyden av måkene som skrek i det fjerne. Det var som om naturen selv hilste henne velkommen til dette magiske stedet.

Da Anna endelig nådde øya, ble hun møtt av det mest fantastiske synet: en skjult strand med gylden sand og krystallklart vann som skvulpet mot kysten. Hun kunne ikke tro sine egne øyne og visste at dette var det perfekte stedet å tilbringe dagen.

Med et smil på leppene og en følelse av eventyrlyst i hjertet, spredte Anna ut et teppe på stranden og la seg ned for å nyte solen og lyden av bølgene som slo mot land. Hun lukket øynene og lot seg bli båret bort av stillheten og roen som omgav henne.

Men plutselig, midt i hennes stille stund, hørte Anna lyden av små fottrinn som kom nærmere. Hun åpnet øynene og så en liten krabbe som krabbet langs stranden, som om den var på vei til et hemmelig eventyr. Anna lo og fulgte krabbens bevegelser med øynene sine, fascinert av dens energi og nysgjerrighet.

Etter en stund reiste Anna seg opp og bestemte seg for å utforske øya nærmere. Hun vandret langs kysten, plukket opp vakre skjell og steiner som skinte i sollyset, og pustet inn duften av tang og saltvann. Det var som om hun hadde funnet sitt eget lille paradis langt borte fra den travle verden.

Mens hun utforsket øya, kom Anna over et gammelt fyr som sto majestetisk på klippene ved kysten. Med hjertet fullt av nysgjerrighet, bestemte hun seg for å klatre opp til fyret og se utover det endeløse havet. Da hun nådde toppen av fyret, ble Anna møtt av det mest fantastiske synet: en vidstrakt utsikt over havet og øyene som strakte seg så langt øyet kunne se. Hun kunne se solen som danset på bølgene og skyene som malte et malerisk bilde på himmelen. Det var som om tiden sto stille, og Anna visste at hun aldri ville glemme dette øyeblikket.

Etter å ha tilbrakt hele dagen på øya, vendte Anna tilbake til gården sin ved kysten av Lofoten med et hjerte fullt av minner og en følelse av fred og ro. Hun visste at selv om dagene kom og gikk, ville hennes kjærlighet til Lofoten og alt det hadde å tilby, alltid være med henne, som en evig kilde til glede og inspirasjon.

A Day in Lofoten

In the majestic Lofoten Islands, where the mountains rise from the sea and the sky meets the earth, we find a community characterized by simplicity and beauty. A day in Lofoten is like an adventure, where nature and people live in harmony, creating an atmosphere of peace and tranquility.

Our story begins on a sunny morning at a small farm on the coast of Lofoten. At the farm lived a young woman named Anna, whose love for nature and passion for adventure made her the heart of the community. Anna woke up early every day to enjoy the fresh sea air and the beautiful landscape that surrounded her.

On this particular day, Anna had planned an excursion to one of the islands off the coast of Lofoten. With a basket of packed lunches and a bottle of freshly squeezed apple juice, she set out on her journey with a sense of excitement and anticipation in her heart.

On the way to the island, Anna was greeted by the beautiful sight of the mountains reflecting in the calm sea and the colorful fishing boats dancing on the waves. She could feel the fresh sea air on her skin and hear the sound of seagulls squawking in the distance. It was as if nature itself welcomed her to this magical place.

When Anna finally reached the island, she was greeted by the most amazing sight: a hidden beach with golden sand and crystal-clear water lapping against the shore. She couldn't believe her eyes and knew that this was the perfect place to spend the day.

With a smile on her lips and a sense of adventure in her heart, Anna spread out a blanket on the beach and lay down to enjoy the sun and the sound of the waves crashing against the shore. She closed her eyes and let herself be carried away by the silence and the peace that surrounded her.

But suddenly, in the midst of her quiet moment, Anna heard the sound of tiny footsteps approaching. She opened her eyes and saw a small crab scuttling along the beach, as if on its way to a secret adventure. Anna laughed and followed the crab's movements with her eyes, fascinated by its energy and curiosity.

After a while, Anna got up and decided to explore the island further. She wandered along the coast, picking up beautiful shells and stones that shimmered in the sunlight, and breathing in the scent of seaweed and saltwater. It was as if she had found her own little paradise far away from the busy world.

As she explored the island, Anna came across an old lighthouse standing majestically on the cliffs by the coast. With her heart full of curiosity, she decided to climb up to the lighthouse and look out over the endless sea.

When she reached the top of the lighthouse, Anna was greeted by the most amazing sight: a vast view of the ocean and the islands stretching as far as the eye could see. She could see the sun dancing on the waves and the clouds painting a picturesque picture in the sky. It was as if time stood still, and Anna knew that she would never forget this moment.

After spending the whole day on the island, Anna returned to her farm on the coast of Lofoten with a heart full of memories and a sense of peace and tranquility. She knew that even though the days came and went, her love for Lofoten and all it had to offer would always be with her, like an eternal source of joy and inspiration.

Mysteriet med den forsvunne nøkkelen

Det var en stille og rolig dag i den lille landsbyen Lillehjem. Solen skinte over de rødmalte husene, og lyden av fuglesang fylte luften. I dette idylliske hjørnet av verden levde en fargerik gruppe mennesker sine hverdagsliv.

Blant dem bodde fru Olsen, en vennlig eldre dame med et smil som kunne lyse opp selv den mørkeste dag. Hun eide den lokale kafeen, hvor hun serverte deilig kaffe og hjemmebakte kaker til alle som kom innom. Men denne dagen var det noe som plaget fru Olsen mer enn vanlig.

Det hele startet da hun gikk for å låse opp kafeen tidlig om morgenen. Hun strakte hånden ut for å gripe tak i nøkkelen som hun alltid oppbevarte på en krok ved døren. Men til hennes store forbauselse var nøkkelen borte. Hun lette febrilsk rundt, flyttet blomsterpotter og sjekket lommene sine, men nøkkelen var sporløst forsvunnet.

Fru Olsen kunne ikke forstå hva som hadde skjedd. Nøkkelen hadde aldri forsvunnet før, og hun var sikker på at hun hadde satt den på plass kvelden før. Hun prøvde å roe seg ned og tenke klart. Kanskje hadde hun lagt den et annet sted ved et uhell? Eller kanskje noen hadde tatt den med seg?

Mens fru Olsen forsøkte å løse mysteriet med den forsvunne nøkkelen, begynte ryktene å svirre rundt i landsbyen. Noen sa at det var et tegn på uflaks, mens andre mente at det var et tyveri på gang. Uansett hva det var, spredte nervøsiteten seg raskt blant landsbyens innbyggere.

Blant dem som ble særlig bekymret, var herr Pedersen, en eldre herre med en lidenskap for gåter og mysterier. Han hadde alltid vært fascinert av mysterier, og det var få ting han likte bedre enn å løse dem. Så da han hørte om den forsvunne nøkkelen, visste han at han måtte gripe inn.

Herr Pedersen begynte å undersøke saken grundig. Han intervjuet vitner, tok notater og samlet beviser. Han la merke til små detaljer som andre hadde oversett, som en løs skrue på kafeens dør og et merkelig fotavtrykk på bakken utenfor.

Etter hvert som herr Pedersen gravde dypere, begynte han å legge merke til merkelige mønstre og sammenhenger. Han oppdaget at flere andre butikker i landsbyen hadde opplevd lignende hendelser de siste ukene. Det virket som om noen var ute etter å stjele nøkler fra bedrifter rundt om i landsbyen.

Med denne nye innsikten satte herr Pedersen seg som mål å løse mysteriet med den forsvunne nøkkelen en gang for alle. Han snakket med lokalpolitiet, delte sine observasjoner og la frem sine teorier. Sammen begynte de å sette opp feller og overvåke området for mistenkelig aktivitet.

Dagene gikk, og spenningen i landsbyen økte. Mange lurte på om mysteriet noensinne ville bli løst, og om de noensinne ville få tilbake roen og tryggheten de hadde følt før.

Til slutt, etter uker med intens etterforskning, kom det endelig et gjennombrudd. En natt, mens politiet patruljerte gatene, oppdaget de en mistenkelig skikkelse som snek seg rundt kafeen. De fulgte etter personen og fanget dem på fersk gjerning mens de prøvde å bryte seg inn i en annen butikk i nærheten.

Da politiet avslørte tyven og brakte dem inn for avhør, viste det seg at det var en ung mann som hadde slitt økonomisk og hadde tydd til tyveri for å klare seg. Han innrømmet å ha stjålet nøkkelen fra kafeen i håp om å komme seg inn og ta med seg kontanter og verdifulle gjenstander.

Med tyven bak lås og slå, kunne landsbyens innbyggere endelig puste lettet ut. Den forsvunne nøkkelen var funnet, og rettferdighet hadde seiret. Fru Olsen var dypt takknemlig for herr Pedersens dedikasjon og innsats for å løse mysteriet, og landsbyen feiret med en stor fest på kafeen, komplett med gratis kaffe og kaker for alle.

Mysteriet med den forsvunne nøkkelen ble snart et av de mest omtalte hendelsene i Lillehjem's historie, og herr Pedersen ble hyllet som en helt. Men selv etter at spenningen hadde lagt seg, ville ingen i landsbyen glemme den spennende tiden da en enkel nøkkel ble til et mysterium som samlet en hel landsby sammen i felles mål og innsats.

The Mystery of the Missing Key

It was a calm and quiet day in the small village of Lillehjem. The sun shone over the red-painted houses, and the sound of birdsong filled the air. In this idyllic corner of the world, a colorful group of people lived their everyday lives.

Among them lived Mrs. Olsen, a friendly elderly lady with a smile that could brighten even the darkest day. She owned the local café, where she served delicious coffee and homemade cakes to all who stopped by. But on this day, something troubled Mrs. Olsen more than usual.

It all started when she went to unlock the café early in the morning. She reached out to grab the key, which she always kept on a hook by the door. But to her great surprise, the key was gone. She searched frantically around, moving flower pots and checking her pockets, but the key was nowhere to be found.

Mrs. Olsen couldn't understand what had happened. The key had never gone missing before, and she was sure she had put it in place the evening before. She tried to calm down and think clearly. Perhaps she had accidentally placed it somewhere else? Or maybe someone had taken it?

As Mrs. Olsen tried to solve the mystery of the missing key, rumors began to swirl around the village. Some said it was a sign of bad luck, while others believed there was a theft in progress. Whatever it was, nervousness spread quickly among the village's residents.

Among those who became particularly concerned was Mr. Pedersen, an elderly gentleman with a passion for puzzles and mysteries. He had always been fascinated by mysteries, and there were few things he enjoyed more than solving them. So when he heard about the missing key, he knew he had to intervene.

Mr. Pedersen began to investigate the case thoroughly. He interviewed witnesses, took notes, and gathered evidence. He noticed small details that others had overlooked, like a loose screw on the café door and a strange footprint on the ground outside.

As Mr. Pedersen dug deeper, he began to notice strange patterns and connections. He discovered that several other shops in the village had experienced similar incidents in recent weeks. It seemed that someone was targeting keys from businesses around the village.

With this new insight, Mr. Pedersen set out to solve the mystery of the missing key once and for all. He spoke with the local police, shared his observations, and presented his theories. Together, they began to set up traps and monitor the area for suspicious activity.

Days passed, and the tension in the village grew. Many wondered if the mystery would ever be solved, and if they would ever regain the peace and security they had felt before.

Finally, after weeks of intense investigation, a breakthrough came. One night, as the police patrolled the streets, they spotted a suspicious figure sneaking around the café. They followed the person and caught them red-handed while trying to break into another nearby shop.

When the police revealed the thief and brought them in for questioning, it turned out to be a young man who had been struggling financially and had resorted to theft to get by. He admitted to stealing the key from the café in hopes of gaining entry and taking cash and valuable items.

With the thief behind bars, the villagers could finally breathe a sigh of relief. The missing key was found, and justice had prevailed. Mrs. Olsen was deeply grateful for Mr. Pedersen's dedication and efforts to solve the mystery, and the village celebrated with a grand party at the café, complete with free coffee and cakes for all.

The mystery of the missing key soon became one of the most talked-about events in Lillehjem's history, and Mr. Pedersen was hailed as a hero. But even after the excitement had subsided, no one in the village would forget the thrilling time when a simple key turned into a mystery that brought an entire village together in a common goal and effort.